POLYTEKNIK

Leichte Celloduette zum Erlernen
musikalischer und technischer Fähigkeiten

Easy cello duet
accomplishmen

Polly Waterfield and Gillian Lubach

VORWORT • PREFACE

Polytekniks enthält eine Vielzahl musikalischer und technischer Herausforderungen, die dazu angelegt sind, die Entwicklung einer fundierten Musikalität in jungen Spielern zu fördern. Die Duette können entweder als Etüden oder einfach zum Spaß, um ihrer selbst willen, gespielt werden. Der Schüler sollte die einfachere obere Stimme spielen; die untere ist für den Lehrer oder einen fortgeschritteneren Schüler bestimmt.

Wir hoffen, daß Lehrer in der Sammlung sowohl eine nützliche Ergänzung zu jedem Unterrichtsprogramm als auch eine Quelle für ein vergnügliches, originelles Repertoire für fortgeschrittenere Spieler sehen.

Polytekniks contains a variety of musical and technical challenges designed to promote the development of sound musicianship in young players. The duets may be used either as studies or as enjoyable music in their own right. The pupil should play the more simple upper part, while the lower part is intended for the teacher or a more advanced pupil.

We hope that teachers will find the collection a valuable addition to any teaching programme, as well as a source of enjoyable, original repertoire for young players.

INHALT • CONTENTS

© 1994 by Faber Music Ltd
First published in 1994 by Faber Music Ltd
3 Queen Square London WC1N 3AU
Cover design by Lynette Williamson
German translations by Dorothee Göbel
Music processed by Wessex Music Services
Printed in England by Halstan & Co Ltd

ISBN 0 571 51490 1

2

Bulgarisches Duo **1** Bulgarian Duo

Lautes Spiel; langsame und schnelle Striche   *Loud playing, slow/fast bows*

Loud and raucous

PW

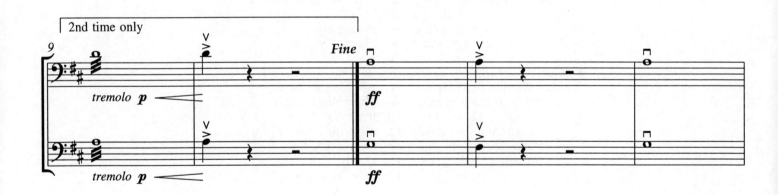

Eins - Zwei - Drei - Stop

Weiche Bindungen über die Saiten hinweg

2

One Two Three Stop

Smooth slurs across strings

PW

4

Boogie 3 Boogie

Verbindung der vierten Lage mit dem Flageolett-Ton a   *Linking 4th position with harmonic A*

GL

Hassapikos 4 Hassapikos

Tonleitern in harmonischem Moll   *Harmonic minor scales*

6

Schlaflied

Bindungen über drei Saiten in der vierten Lage

5

Blue Lullaby

Slurred 3-string bowings, 4th position

GL

With a rocking movement

Jazz-Duett 6 Jazz Duet

Ensemble-Spiel; improvisierte rhythmische Variationen — *Ensemble playing, improvised rhythmic variations*

Wieviele Schläge pro Takt? 7 How Many Beats in a Bar?

Der **5/4** *Takt* **5/4** *time*

Der Wind in den Bäumen
Ausdrucksvolle Bogenführung

8

Wind in the Trees
Expressive bowing

GL

Daumenlage

Spiel in der Daumenlage; leichte Akkorde

9

Thumbing a Lift

Finding thumb position, easy chords

Tempo di Menuetto

GL

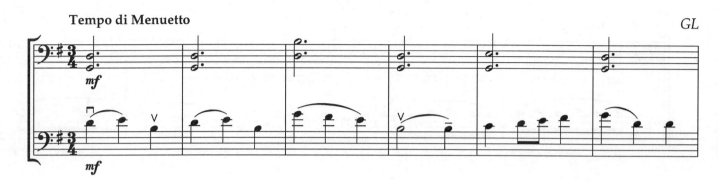

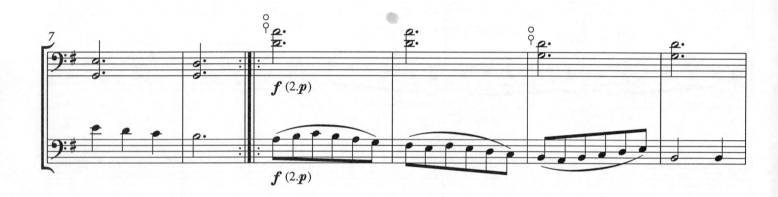

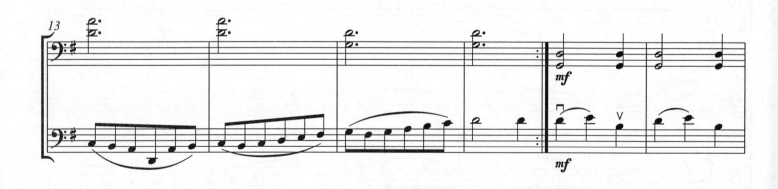

Der Fluß 10 River

Rhythmus; wahlweise
in der zweiten oder vierten Lage

rhythm. 2nd position (optional)

PW

12

Alle sind gleich 11 All Being Equal

Einfache atonale Intonation   *Simple atonal pitching*

Stück vom Meer **12** Sea Piece

C-Saite; erste und vierte Lage *C string 1st and 4th positions*

GL

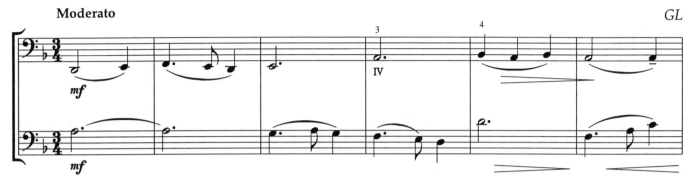

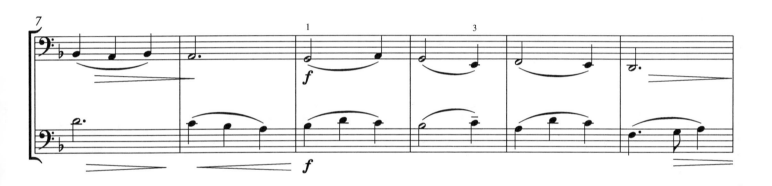

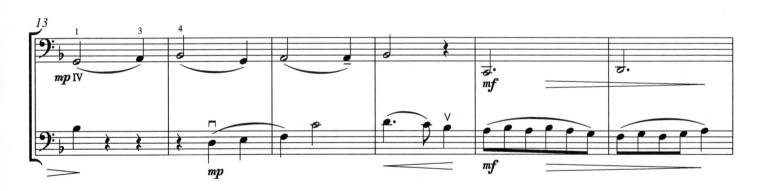

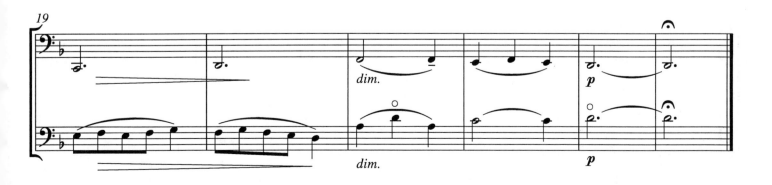

Launische Barkarole 13 Moody Barcarolle

⁶⁄₈-Takt; Wechsel zwischen Dur und Moll ⁶⁄₈ time, major/minor changes

Lilting

PW

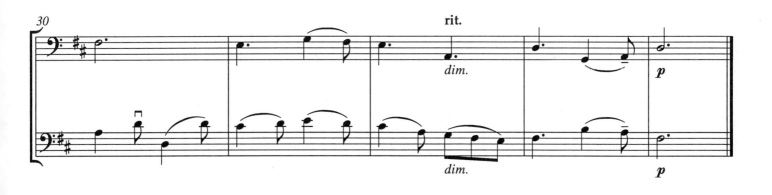

16

Alberner Walzer 14 Silly Waltz

¾-Takt; Spiel im Ensemble   ¾ time, ensemble playing

* 1st time: A, 2nd time: D
Beim ersten Mal: A, bei der Wiederholung: D

NOTES

1. *Bulgarian Duo*   Bulgarian music features close dissonances and is played and sung with a 'gutsy', uncompromising sound. The clashes between the parts should be emphasised by powerful bowing near the bridge. In the second section the bow can play even nearer the bridge for the semibreves, and then be lifted off on the up-bows.

2. *One Two Three Stop*   This simple ostinato pattern is a good way to teach slurred bowing. If the pattern-changes are noted, the piece can be played by heart very soon, enabling the pupil to concentrate on maintaining a relaxed and weighty feel in the bow-arm.

3. *Boogie*   The lower part should be played with jazz quavers (♩♪ = ♩ ♪) from bar 13. Pupils will enjoy playing either part, and should be encouraged to improvise.

4. *Hassapikos*   The piece is designed to underline the teaching of harmonic minor scales, and focuses on the distinctive interval of the augmented 2nd. The plaintive, exotic sound of this interval should be associated with the feel of extension between 1st and 3rd fingers.

5. *Blue Lullaby*   Aim to achieve a relaxed, swinging movement across the strings, and avoid the temptation of trying to play three separate notes. The middle section explores 4th position on the D and G strings.

6. *Jazz Duet*   Bars 25-28 can be a lot of fun; the first player may vary the rhythm, which the second player should imitate. But remember to stick to the beat!

7. *How many Beats in a Bar?*   If pupils can count up to 5, then they can play in 5/4! The quickest way to get the rhythm right is to say (or sing) the words, making some sound for the rests ('sh' or simply 'rest').

8. *Wind in the Trees*   Concentrate on the quality of bow-contact with the string. A useful exercise is to draw the bow slowly across the string while pressing lightly on it with the left hand at the point of contact, which creates a 'clinging' sensation.

9. *Thumbing a Lift*   As a preliminary exercise the pupil can move the left hand in a relaxed way to the top of the fingerboard and back several times, so that the distance from 1st position to the harmonics doesn't feel so scary.

10. *River*   Playing this in 1st position and then using 2nd and 4th should convince the student of the benefits gained by avoiding the open A string in this type of piece.

11. *All Being Equal*   Pluck up your courage! This simple atonal piece is well within the technical grasp of most pupils. The tone-row (bars 1-8 in the teacher's part) occurs twice for the teacher and twice for the pupil (from *arco* onwards).

12. *Sea Piece*   Here is a great opportunity to explore the colour of the C string. Encourage the pupil to find its fullest vibration by using ears and eyes, thus ensuring a rich, mellow tone.

13. *Moody Barcarolle*   Swaying gently to the rhythm as if on a boat will help to achieve a 6/8 lilt. Ask the pupil to spot the major/minor changes, and to say how these affect the mood of the music.

14. *Silly Waltz*   Emphasize the interplay between the two parts, always carefully balancing the tune against the accompaniment.

ANMERKUNGEN

1. *Bulgarisches Duo*   Bulgarische Musik wird durch scharfe Dissonanzen gekennzeichnet und in einem 'frechen', direkten Ton gespielt und gesungen. Das Aufeinanderprallen der beiden Stimmen sollte durch kräftigen Strich am Steg besonders hervorgehoben werden. Im zweiten Teil können die ganzen Noten noch näher am Steg gespielt werden, bei den Aufstrichen sollte der Bogen dann abgehoben werden.

2. *Eins - Zwei - Drei - Stop*   Mit diesem einfachen Ostinato-Muster läßt sich gebundenes Bogenspiel gut erlernen. Sobald die Wechsel des Grundmusters erlernt sind, kann das Stück auswendig musiziert werden, so daß sich der Schüler darauf konzentrieren kann, den rechten Arm zu entspannen und den Arm gleichzeitig als schwer zu empfinden.

3. *Boogie*   Die tiefere Stimme sollte ab Takt 13 mit jazzigen Vierteln (♩♪ = ♩ ♪) gespielt werden. Die Schüler werden beide Stimmen gerne spielen wollen und sollten zum Improvisieren ermuntert werden.

4. *Hassapikos*   Dieses Stück soll das Erlernen der harmonischen Moll-Tonleitern unterstützen und verlangt vor allem die sorgfältige Ausführung der verminderten Sekunde. Der klagende, fremde Klang dieses Intervalls soll mit dem Gefühl der Streckung zwischen dem ersten und dritten Finger assoziert werden.

5. *Schlaflied*   Versuche in diesem Stück eine entspannte, schwingende Bewegung über die Saiten hinweg zu erreichen und vermeide die Versuchung, drei einzelne Noten spielen zu wollen. Im Mittelteil wird die vierte Lage auf der D- und der G-Saite geübt.

6. *Jazz-Duett*   Die Takte 25 bis 28 können viel Spaß machen; der erste Spieler kann den Rhythmus variieren, was der zweite Spieler dann aufnehmen sollte. Aber hierbei bitte nicht das zugrundeliegende Metrum vergessen!

7. *Wieviele Schläge pro Takt?*   Wenn Schüler bis fünf zählen können, können sie auch den 5/4-Takt spielen. Am leichtesten wird der Rhythmus erlernt, indem man die Worte sagt (oder singt), und dann für die Pausen irgendein Geräusch wählt ('sh' oder einfach 'stop').

8. *Der Wind in den Bäumen*   In diesem Stück soll der Schüler sich auf die Art des Kontaktes zwischen Bogen und Saite konzentrieren. Eine nützliche Übung ist es, den Bogen langsam über die Saite zu ziehen, während ihn die linke Hand gleichzeitig leicht auf die Saite drückt, wodruch das Gefühl von 'Festhalten', von einer engen Verbindung, ensteht.

9. *Daumenlage*   Als Vorübung kann der Schüler die linke Hand mehrfach ganz entspannt auf dem Griffbrett vor- und zurückführen, so daß sich der Abstand von der ersten Lage zu den Flageolett-Tönen nicht mehr als so verunsichernd darstellt.

10. *Der Fluß*   Wenn man dieses Stück zunächst in der ersten Lage spielt und dann in der zweiten und vierten, wird dem Schüler klarwerden, welcher Vorteil darin liegt, bei Stücken dieser Art die offene A-Saite zu vermeiden.

11. *Alle sind gleich*   Sei mutig! Dieses einfache atonale Stück ist für die meisten Schüler technisch sehr wohl zu realisieren. Die Reihe (Takte 1-8 im Part des Lehrers) erscheint in beiden Stimmen zweimal (im Part des Schülers ab *arco*).

12. *Stück vom Meer*   Hier kann die Klangfarbe der C-Saite entdeckt werden. Ermutigen Sie den Schüler darin, die stärkste Vibration der Saite mit den Ohren und den Augen zu finden, so daß ein voller, weicher Ton entsteht.

13. *Launische Barkarole*   Ein sanftes rhythmisches Schaukeln wie beispielsweise in einem Boot wird dem Schüler helfen, den 6/8-Rhythmus deutlich herauszuspielen. Lassen Sie den Schüler die Wechsel zwischen Dur und Moll heraussuchen und dann beschreiben, wie diese Moduswechsel den Klang der Musik beeinflussen.

14. *Alberner Walzer*   Achten Sie hier auf das Zusammenspiel der beiden Stimmen, wobei die Melodie gegenüber der Begleitung jeweils vorsichtig ausbalanciert werden muß.